Impressum
Verlag: BABADADA GmbH, Nedderfeld 112 , 22529 Hamburg
Geschäftsführer / Verlagsleitung: Harald Hof
Druck: Books on Demand GmbH, In de Tarpen 42, 22848 Norderstedt

Imprint
Publisher: BABADADA GmbH, Nedderfeld 112 , 22529 Hamburg, Germany
Managing Director / Publishing direction: Harald Hof
Print: Books on Demand GmbH, In de Tarpen 42, 22848 Norderstedt

escola
xikolo

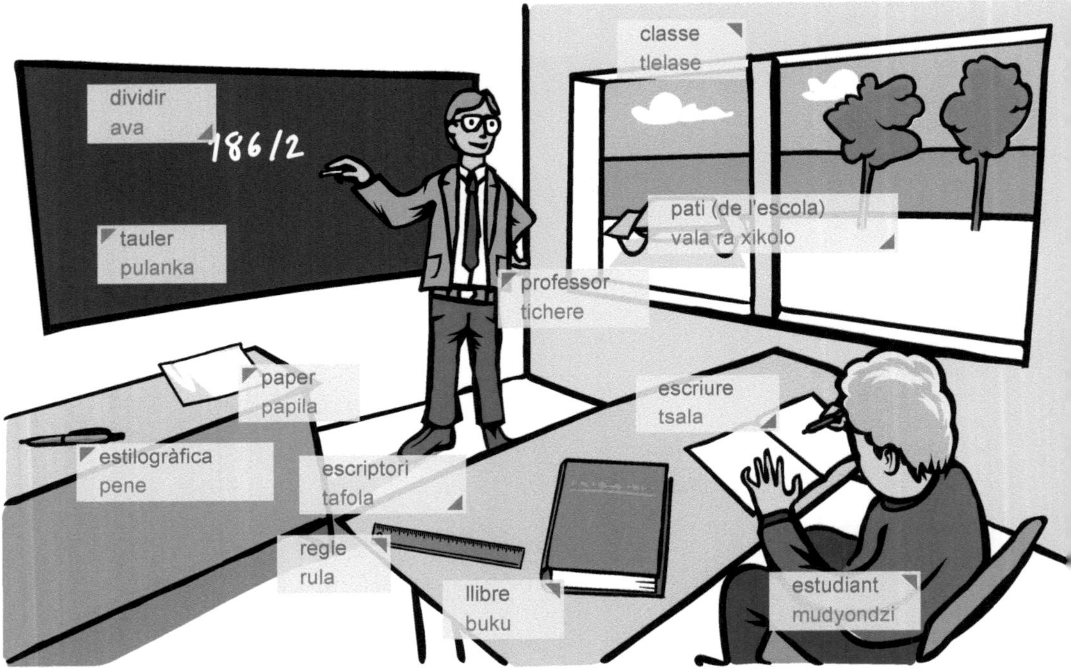

classe
tlelase
dividir
ava
186/2
tauler
pulanka
pati (de l'escola)
vala ra xikolo
professor
tichere
paper
papila
escriure
tsala
estilogràfica
pene
escriptori
tafola
regle
rula
llibre
buku
estudiant
mudyondzi

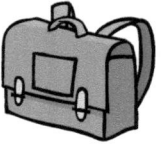

bossa

xinkwamana

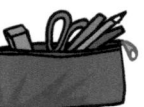

estoig

bokisi ra tipensele

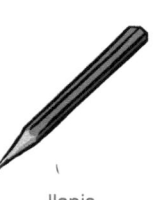

llapis

pensele

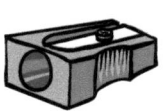

maquineta de fer punta

muchini wo vatla tipensele

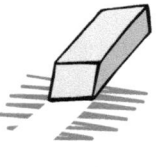

goma

rhaba

bloc de dibuix

papilo ro dirowa

dibuix

xifaniso lexi diroweke

pinzell

burachi ro penda

capsa de pintures

bokisi ro penda

tisores

xikero

cola

xidamarheti

quadern d'exercicis

buku ya xikolo

deures

ntirho wa le kaya

nombre

nombhoro

afegir

engeta

sostreure

susa

multiplicar

andzisa

calcular

hlaya

lletra

letere

alfabet

maletere

mot

rito

text
rungula

llegir
hlaya

guix
choko

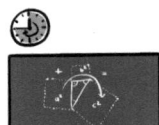

lliçó
dyondzo

llibre de classe
tsarisa

examen
xikambelo

certificat
xitifiketi

uniforme escolar
swiambalo swa xikolo

formació
dyondzo

enciclopèdia
nsonga-vutivi

universitat
univhesiti

microscopi
makhiriskopu

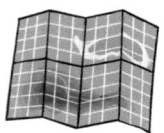

mapa
mepe

paperera
xikotela xo lahla maphepha

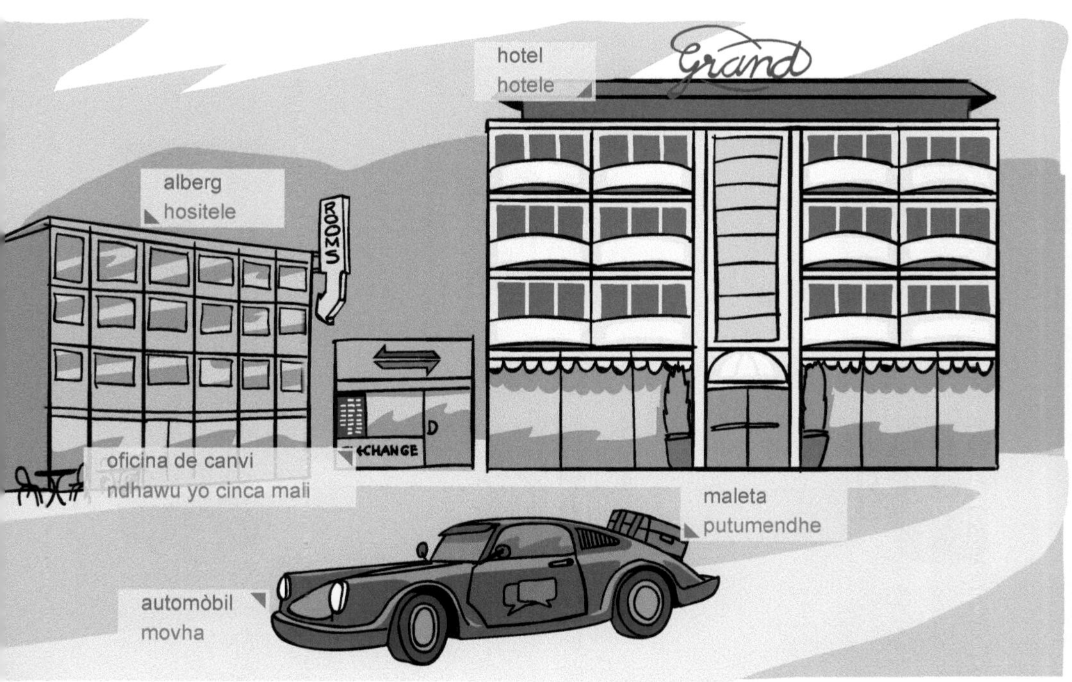

hotel
hotele
Grand
alberg
hositele
ROOMS
oficina de canvi
ndhawu yo cinca mali
EXCHANGE
maleta
putumendhe
automòbil
movha

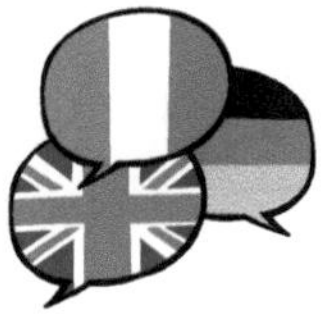

llengua

ririmi

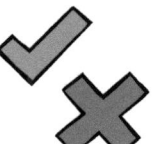

sí / no

ina / e-e

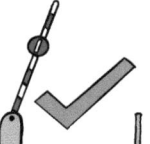

D'acord

Swikahle

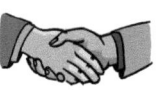

Ey!

ahe

traductora

muhundzuluxeri

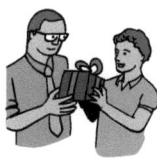

gràcies

Ndza khensa

Quant costa... ?

ivungani...?

No entenc

Andzi twisisi

problema

nkinga

Bona nit!

Riperile!

bon dia!

Maxelo ya kahle!

bona nit!

Vusiku bya kahle!

fins aviat

sala kahle

direcció

nkongomiso

bagatge

mindzhwalo

bossa

nkwama

sarrona

nkwama

convidat

muendzi

cambra

kamara

sac de dormir

nkwama wo etlela

tenda

tende

oficina de turisme	platja	carta de crèdit
vuxokoxoko bya vaendzi	ribuwa	khadi ra xikweleti

esmorzar	dinar	sopar
xifihlulo	swakudya swa ninhlekani	swakudya swa nimadyamɔu

bitllet	ascensor	segell
thikithi	kheshe	xitempe

frontera	duana	ambaixada
ndzilakana	mikhuva	hovisi ya vuyimeri ya tiko

visat	passaport	
visa	pasi ro endza	

transport
swilo swo famba

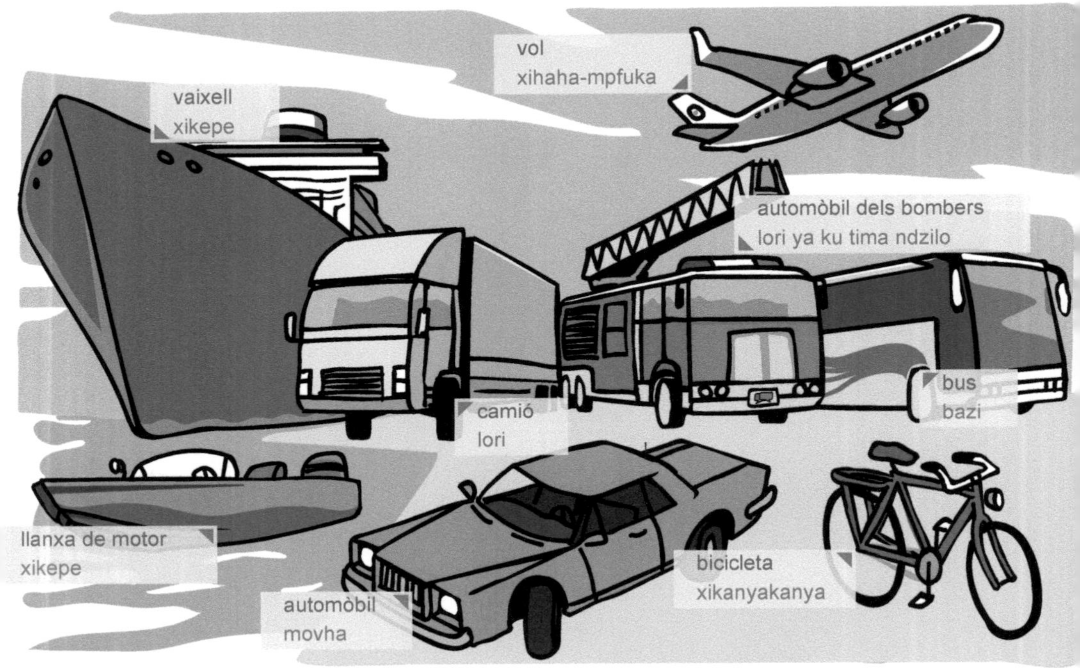
vol
xihaha-mpfuka
vaixell
xikepe
automòbil dels bombers
lori ya ku tima ndzilo
bus
bazi
camió
lori
llanxa de motor
xikepe
bicicleta
xikanyakanya
automòbil
movha

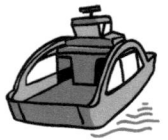

transbordador

xikepe

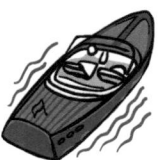

barca

xikepe

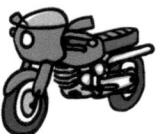

moto

xithuthuthu

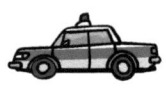

automòbil de policia

movha wa maphorisa

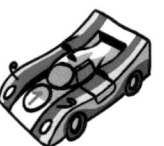

automòbil de curses

movha wa mphikizano

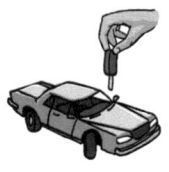

automòbil de lloguer

movha yo lombiwa

vehicle compartit

ku avelana hi movha

grua

lori yo koka timovha

camió de les escombraries

lori yo rhwala chaka

motor

njhini

benzina

mafurha

benzineria

ndhawu yo xavisa petirolo

senyal de trànsit

mpfungo wa le patwini

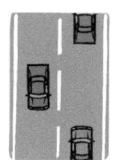

trànsit

mafambelo ya mimovha

embús

ntlimbano wa timovha

aparcament

phaki ya timovha

estació de trens

xitichi xa xitimela

vies

mintila

tren

xitimela

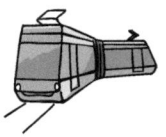

tramvia

banzi leri fambaka
exiporweni

vagó

kalichi

transport - swilo swo famba

9

helicòpter

xihaha-mpfuka-phatsa

aeroport

rivala ra siwhaha-mpfuka

torre

xihondzo

passatger

mukhandziyi

contenidor

bokisi

capsa de cartó

bokisi

carretó

kalichi

cistella

xirhundzi

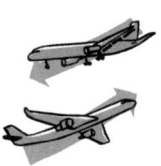

enlairar-se / aterrar

suka / tshama

ciutat
doroba

poble

muti

centre de la ciutat

nkava wa doroba

casa

yindlu

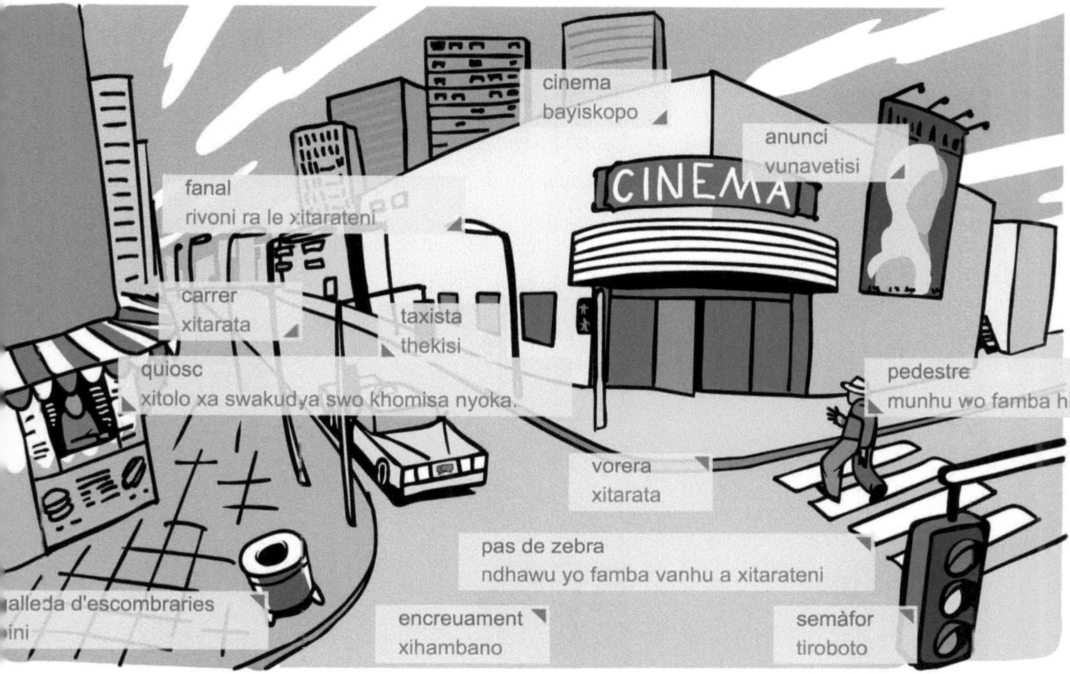
cinema
bayiskopo
anunci
vunavetisi
CINEMA
fanal
rivoni ra le xitarateni
carrer
xitarata
taxista
thekisi
quiosc
xitolo xa swakudya swo khomisa nyoka.
pedestre
munhu wo famba hi
vorera
xitarata
pas de zebra
ndhawu yo famba vanhu a xitarateni
alleda d'escombraries
ini
encreuament
xihambano
semàfor
tiroboto

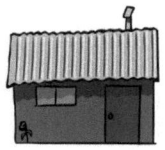

cabana

xiyindlwana xa byanyi

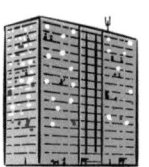

apartament

yindlu

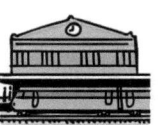

estació de trens

xitichi xa xitimela

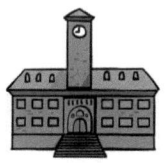

casa de la vila-ciutat

holo ya vanhu

MUSEUM

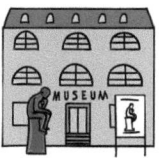

museu

muziyamu

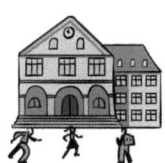

escola

xikolo

universitat

univhesiti

banca

bangi

hospital

xibedlhele

hotel

hotele

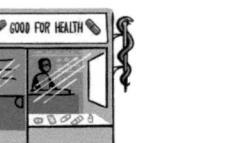

farmàcia

xitolo xa miri

oficina

hofisi

llibreria

xitolo xa tibuku

botiga

xitolo

floristeria

xitolo xa swiluva

supermercat

xitolo le xikulu swinene

mercat

makete

gran magatzem

xitolo le xikulu

peixateria

xitolo xa tinhlampfi.

centre comercial

ndhawu ya switolo

port

hlaluko

parc

phaka

banc

bence

pont

buloho

escala

switepisi

metro

ehansi ka misava

túnel

muhocho

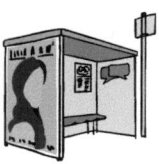

parada d'autobús

xitichi xa tibanzi

bar

barha

restaurant

rhesiturente

bústia de correu

bokisi ra poso

senyal indicador

mfungho wa xitarata

parquímetre

muchini wa mali ya ku phaka

zoo

ntanga wa swiharhi

piscina

damu ro xambela

mesquita

mosque

granja
purasi

pol·lució
nthyakiso

cementiri
masirha

església
kereke

parc infantil
rivala ra mintlangu

temple
tempele

paisatge
ndhawu

fulla
tluka

cartell indicador
mfungho wa gondzo

camí
ndlela

prat
byanyi byo tala

pedra
ribye

excursionista
munhu wo khandziya tintshava

arbre
murhi

riu
nambu

gespa
byanyi

flor
xiluva

vall

nkova

muntanya

xitsunga

llac

tiva

bosc

khwati

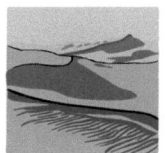

desert

mananga

volcà

volkheno

castell

ntsinda

arc de Sant Martí

nkwangulatilo

bolet

swikowa

palmera

murhi wa nchindzu

moscard

nsuna

mosca

haha

formiga

vusokoti

abella

nyoxi

aranya

puma

escarabat

xifufunhunu

granota

chele

esquirol

maxindyana

eriçó

nhloni

llebre

mfundla

òliba

xikhova

ocell

xinyenyane

cigne

sekwa

senglar

ngluve ya nhova

cervo

mhunti

ant

mhofu

presa

damu

turbina

xipelupelu xa moya

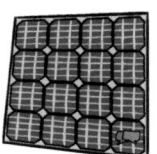

panell solar

bodo leyi tswongaka kuhisa
ka dyambu

clima

maxelo

restaurant

rhesiturente

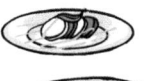

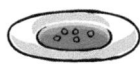

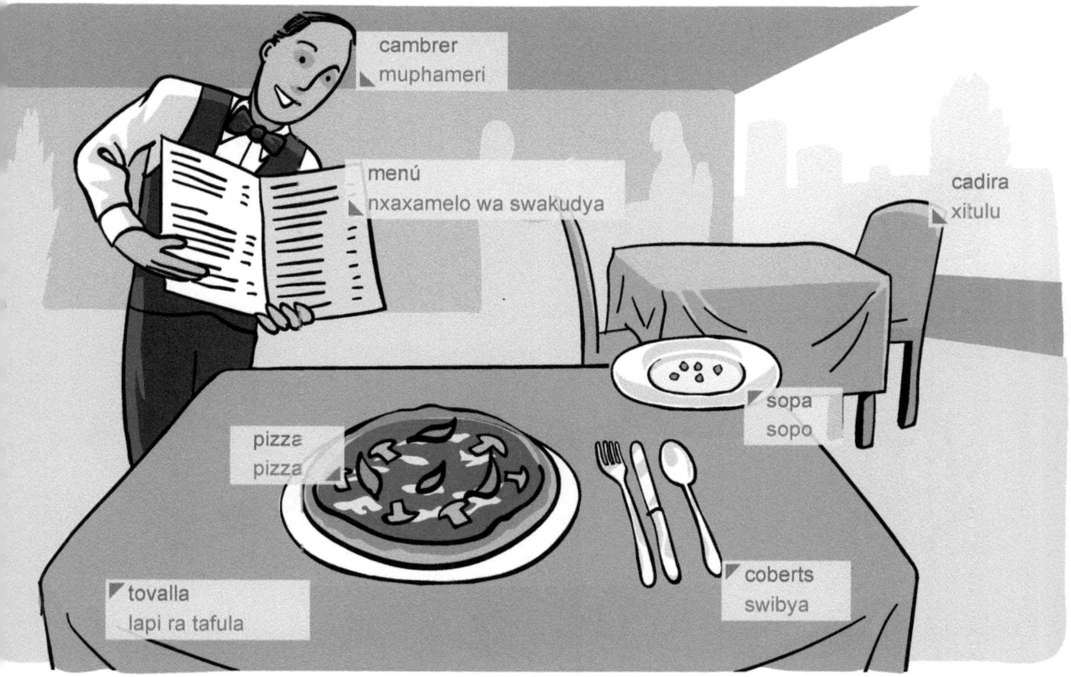
cambrer
muphameri
menú
nxaxamelo wa swakudya
cadira
xitulu
sopa
sopo
pizza
pizza
tovalla
lapi ra tafula
coberts
swibya

primer plat

swakudya swa ku naveta

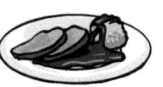

plat principal

swakudya

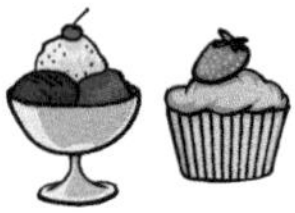

darreries

swo rhelerisa

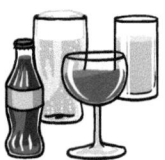

begudes

swakunwa

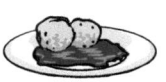

menjar

swakudya

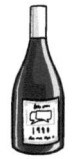

ampolla

bodlhela

menjar ràpid

swakudya swa xihatla

menjar de carrer

swakudya swa le ndleleni

tetera

mbita ya tiya

sucrer

xibye xa chukela

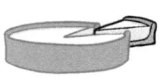

porció

xiphemu

màquina d'espresso

muchini wa espresso

trona

xitulu xa le henhla

factura

swikweleti

plata

thireyi

ganivet

mukwana

forqueta

foroko

cullera

lepula

cullereta

xilepulana

tovalló

phepha ro sula nomu

got

nghilazi

plat

pleti

plat de sopa

pleti ya sopo

plateret

sosara

salsa

murhu

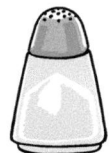

saler

xilo xo chele munyu

molinet de pebre

xilo xo gaya

vinagre

vhiniga

oli

mafurha

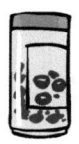

espècies

swinyunyeteri

quètxup

ketchup

mostassa

mustard

maionesa

mayonasi

supermercat

xitolo le xikulu swinene

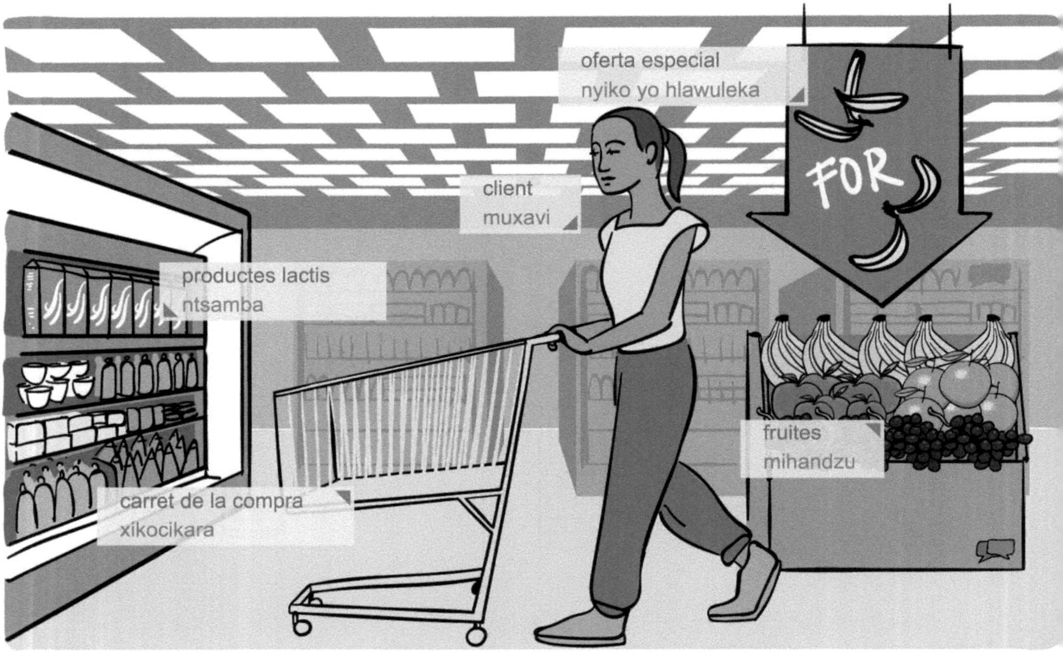

oferta especial
nyiko yo hlawuleka
FOR
client
muxavi
productes lactis
ntsamba
fruites
mihandzu
carret de la compra
xikocikara

BUTCHERS

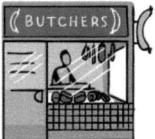

carnisseria

buchara

BAKERY

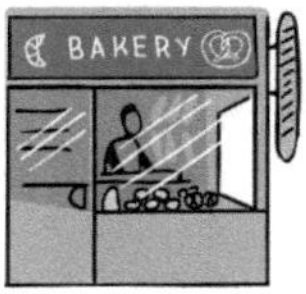

forn de pa

bekari

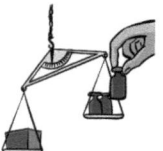

pesar

ringanyeta

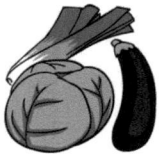

verdures

swimila

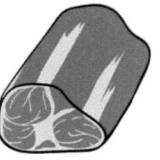

carn

nyama

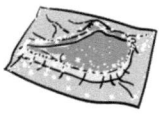

menjar congelat

swakudya swo titimela

carn freda

nyama

conserves

swakudya leswi nga thinini

detergent en pols

mapa yo hlanswa

dolços

malekere

articles domèstics

switirhisiwa swa le ndlwini

productes de neteja

swilo swo basisa

venedora

munhu wo xavisa

caixa registradora

thili

caixera

muamukeli wa timali

llista de la compra

nxaxamelo wa swo xaviwa

horari d'obertura

nkarhi wa ku tirha

portamonedes

nkwama wa mali

carta de crèdit

khadi ra xikweleti

bossa

nkwama

bossa de plàstic

nkwama wa pulasitiki

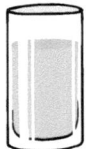

aigua

mati

suc

ntsutsu

llet

meleke

coca-cola

coke

vi

vhinyo

cervesa

byalwa

alcohol

byala

cacau

cocoa

te

tiya

cafè

kofi

espresso

espresso

cappuccino

cappuccino

banana
banana

poma
apula

taronja
lamula

síndria
kalabatla

llimona
swiri

pastanaga
kherotsi

all
swinyalana

bambú
musengele

ceba
nyala

bolet
swikowa

avellanes
timanga

fideus
makaroni ya nyama

espaguetis

spaghetti

arròs

rhayisi

amanida

saladi

patates fregides

machipisi

patates fregides

nhlata wo katingiwa

pizza

pizza

hamburguesa

hamburger

entrepà

xinkwa

escalopa

cutlet

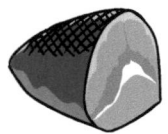

cuixot

ham

salami

salami

salsitxa

soseji

pollastre

huku

rostit

katinga

peix

hlampfi

flocs de civada

oats

musli

muesli

cereals

rivele-ndzoho

farina

filawa

croissant

bantsi

panet

xinkwa

pa

xinkwa

torrada

xinkwa xo oxiwa

bescuits

makokisi

mantega

botere

mató

ribomba ra tswamba

pastís

khekhe

ou

tandza

ou fregit

matandza lama katingiweke

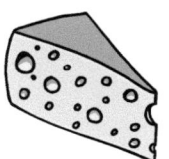

formatge

chizi

gelat

ayisi khrimi

sucre

chukela

mel

vulombe

melmelada

jamu

crema de xocolata

botere ya chokoleti

curri

curry

granja
purasi

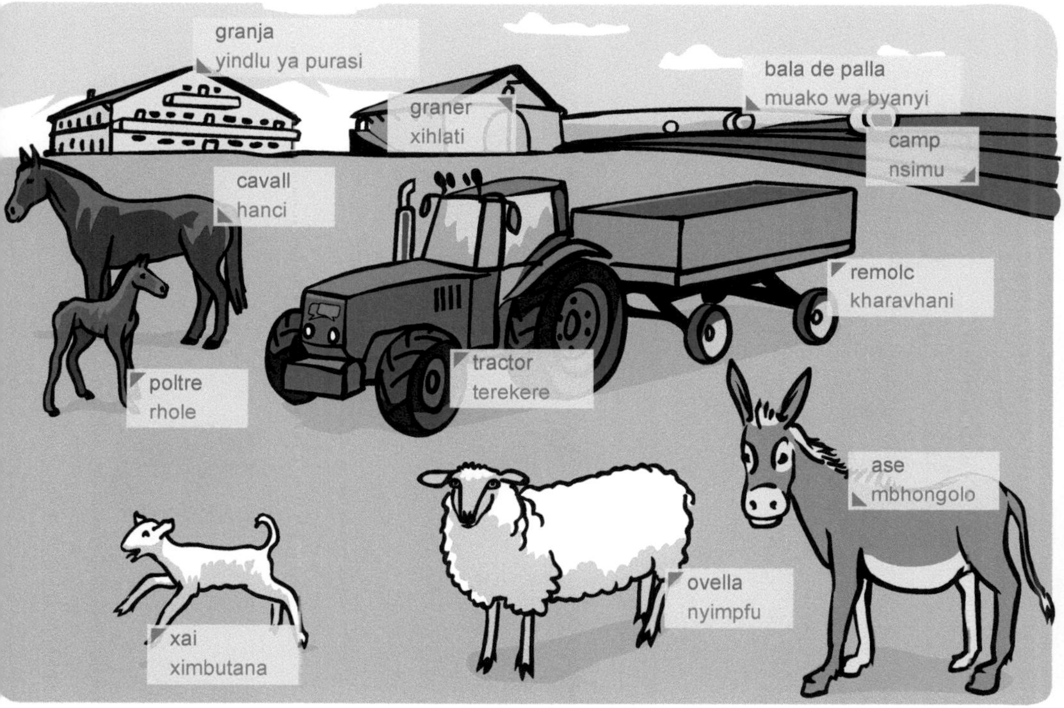
granja
yindlu ya purasi
graner
xihlati
bala de palla
muako wa byanyi
camp
nsimu
cavall
hanci
remolc
kharavhani
poltre
rhole
tractor
terekere
ase
mbhongolo
ovella
nyimpfu
xai
ximbutana

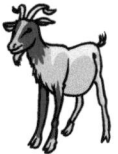

cabra

mhunti

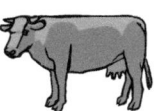

vaca

homu

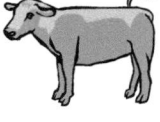

vedella

rhole

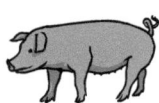

porc

nguluve

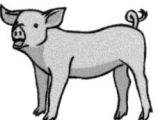

garrí

xingulubyana

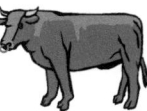

bou

nkuzi

oca
sekwa

ànec
sweka

poll
xikukwana

gall
mbhaha

gallina
nkuku

rata
kondlo

gat
ximanga

ratolí
kondlo

bou
homu

gos
mbyana

gossera
yindlu ya mbyana

mànega de regar
payipi ya mati

regadora
xilo xo chelela mati

dalla
nsimbi yo tsema

arada
xikomu

falç

sikele

aixada

xikomu

forca

foroko le yikulu

destral

xihloka

carretó

bara

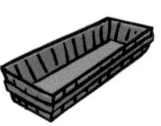

abeurador

xitsengele

lletera

xilo xo chela ntswamba

sac

saka

tanca

rirhangu

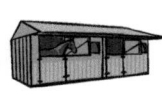

establa

xivala

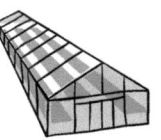

hivernacle

yindlu ya vuhlayiselo bya swimilana

sòl

misava

llavor

mbewu

adob

swinonisi

collidora

muchini wa ku tshovela

collir

tshovela

collita

ntshovelo

nyam

mintsumbula

blat

koroni

soja

tinyawa

patata

nhlata

blat de moro o d'indi

koroni

colza

rapeseed

arbre fruiter

nsinya wa mihandzu

mandioca

ntsumbula

cereals

swakudya swa tidzoho

casa

yindlu

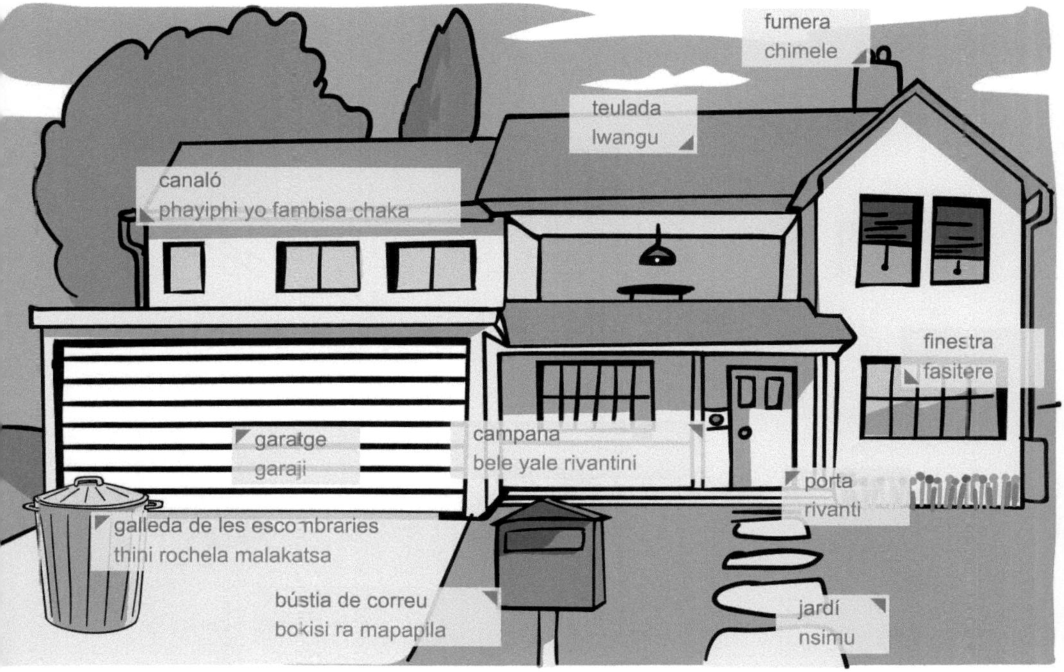
fumera
chimele
teulada
lwangu
canaló
phayiphi yo fambisa chaka
finestra
fasitere
garatge
garaji
campana
bele yale rivantini
porta
rivanti
galleda de les escombraries
thini rochela malakatsa
bústia de correu
bokisi ra mapapila
jardí
nsimu

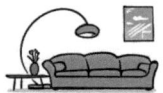

sala d'estar

kamara ro tshama

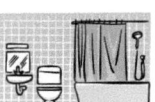

bany

kamara yo hlambela

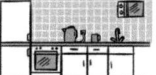

cuina

khishini

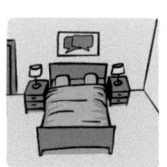

cambra de dormir

kamera ro etlela

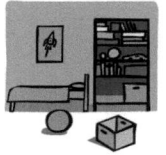

cambra de nen

kamana ya vana

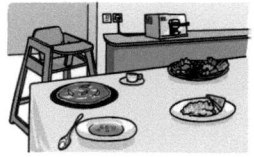

menjador

ndhawu yo dyela

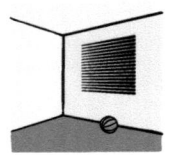

sòl
ehansi

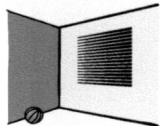

paret
khumbi

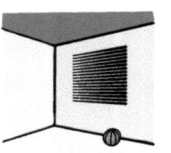

sostre
silingi

soterrani
kamera ra le hansi

sauna
phungula

balcó
rikupakupa

terrassa
tshala

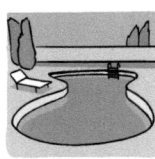

piscina
damu

tallagespa
muchini wo tsema byanyi

vànova
nkumba

cobrellit
swo andlalela mubedo

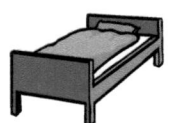

llit
mubedo

escombra
nkukulu

galleda
bakiti

interruptor
swichi

sala d'estar
kamara ro tshama

paper de paret
phepha ra le khumbini
quadre
xifaniso
làmpada
rivoni
prestatge
xelufu
armari
khabodo
televisor
thelevhixini
escalfapanxes
xitiko
flor
xiluva
coixí
xikhengele
sofà
sofa
gerro
mbita
telecomanda
xilawula-kule

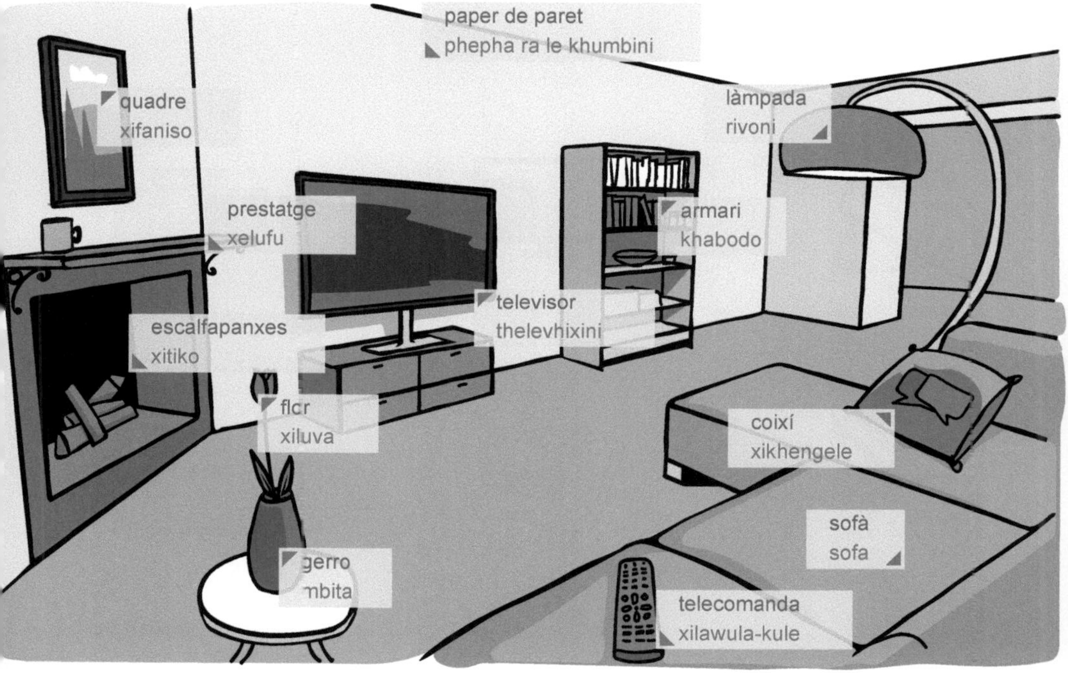

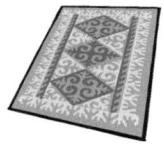

catifa

khapete

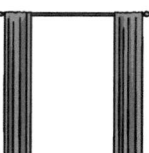

cortina

khethenisi

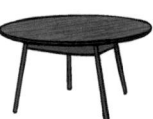

taula

tafula

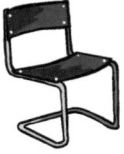

cadira

xitulu

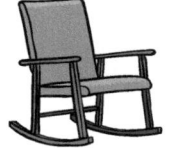

cadira gronxadora

xitulu xo mbuwetela

cadiral

xitulu xo tlhandleka mavoko

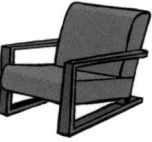

llibre

buku

llençol

nkumba

decoració

nkhaviso

llenya

tihunyi

film

filimi

cadena de música

muchini wa hi-fi

clau

xinotlelo

diari

phepha-hungu

pintura

xifaniso lexi vatliweke

cartell

bodo ya xifaniso

ràdio

xiya-ni-moya

bloc de notes

buku yo tsala tinhla

aspiradora

hoover

cactus

xiluva xa cactus

candela

khandlela

cuina
khishini

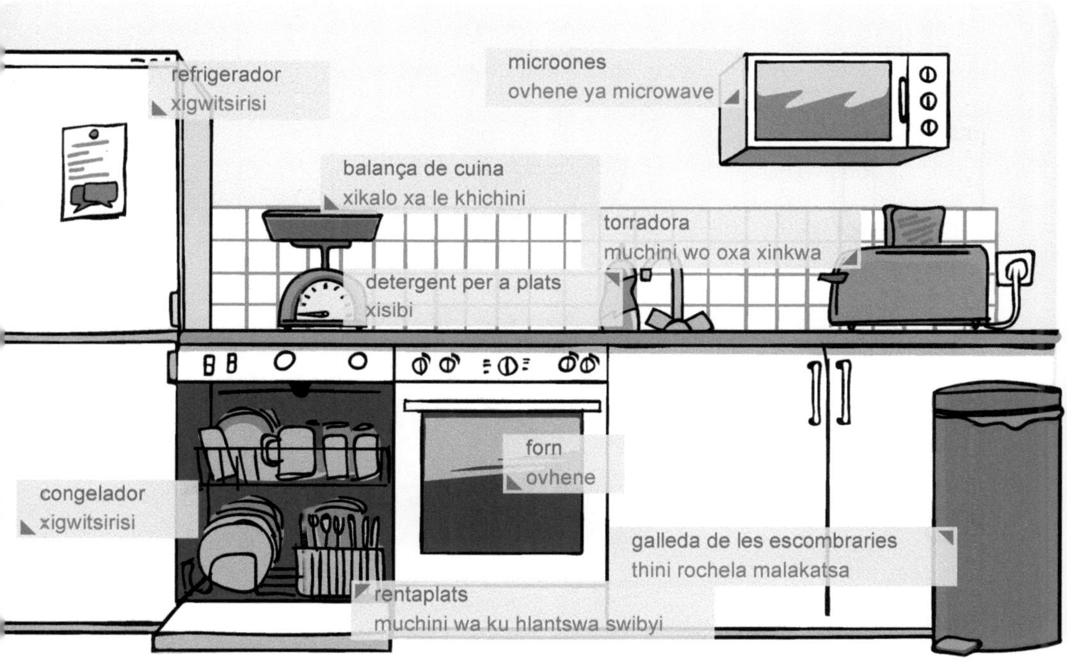

refrigerador
xigwitsirisi
microones
ovhene ya microwave
balança de cuina
xikalo xa le khichini
torradora
muchini wo oxa xinkwa
detergent per a plats
xisibi
forn
ovhene
congelador
xigwitsirisi
galleda de les escombraries
thini rochela malakatsa
rentaplats
muchini wa ku hlantswa swibyi

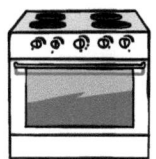

cuina de fogons
mosweki

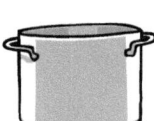

olla
poto

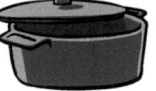

olla de ferro colat
poto ra nsimbi

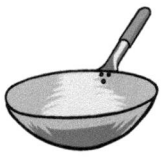

wok / karahi
mbita yo swekela / kadai

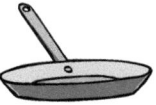

paella
pani

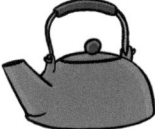

bullidor
ketlele

olla de vapor

xo sweka hi nkahelo

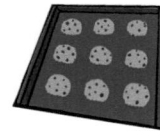

plata de forn

thireyi ya ku baka

vaixella

swibya

tassa grossa

xikomichana

bol

ximbitana

bastonets xinesos

ti-chopstick

culler

xipunu

espàtula

spatula

batedor

muchini wo hlanganisa

colador

sefo

sedàs

xisefo

ratllador

xilo xo tsemelela

morter

xibye

barbacoa

nyama yo oshiwa

foc a terra

ndzilo

taula de tallar

bodo ya ku tsemelela

corró

mhandzi yo andlala fulawa

llevataps

xo pfula mabodlhela

pot de conserva

thini

obridor

xo pfula mathini

agafador

xo khoma poto

aigüera

zinki

raspall

buracha

esponja

xiponci

batedora

xi o lexi hlanganiselaka

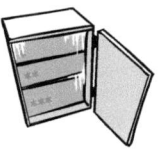

congelador

xigwitsirisi

biberó

bodlhela ra n'wana

aixeta

pompi

bany

kamara yo hlambela

calefacció
kukufumeta
dutxa
shawara
tovallola
thawula
cortina de dutxa
khethenisi ra shawara
bany de bombollles
xisibi xo hlambela a bavhini
banyera
bavhu
got
nghilazi
rentadora
muchini wa ku hlantswa
aixeta
pompi
rajoles
tithayilisi
orinal
xihambukelo
aigüera
zinki

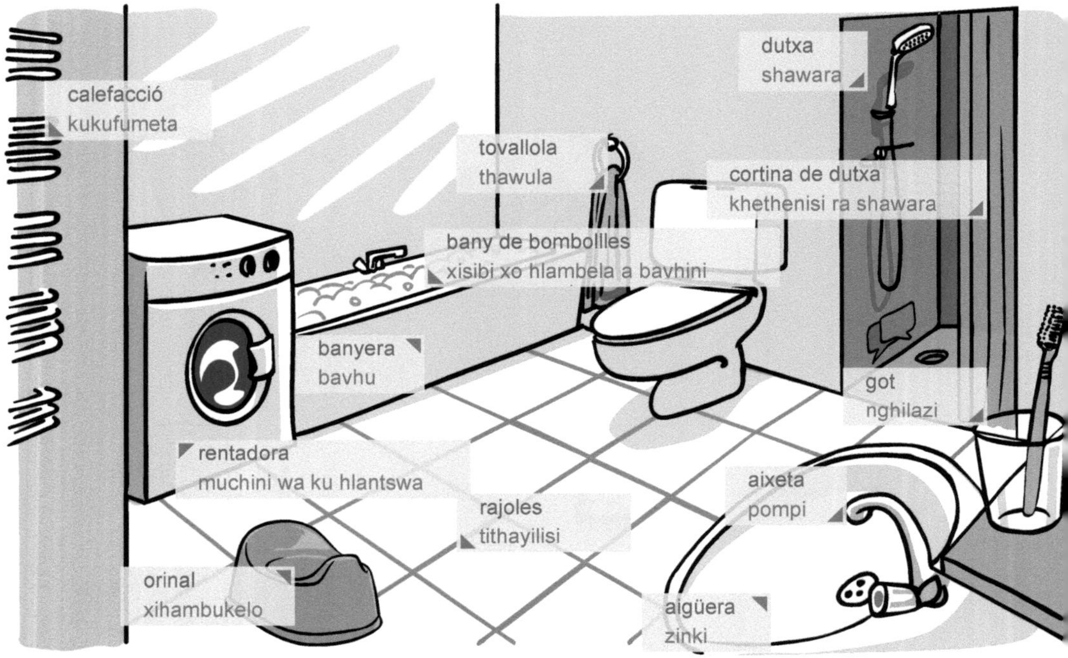

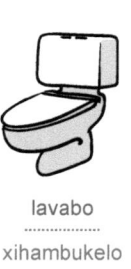

lavabo
xihambukelo

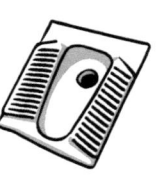

lavabo turc
xihambukelo

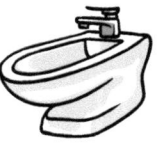

bidet
bidet

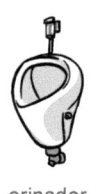

orinador
ndhawu yo tsakamisela

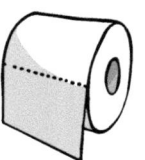

paper higiènic
papila ra xihambukelo

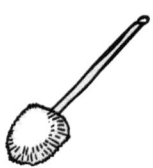

escombreta de sanitari
burachi bya xihambukelo

raspall de dents

burachi bya meno

pasta de dents

xisibi xa meno

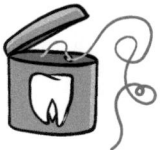

fil dental

xo basisa exikarhi ka meno

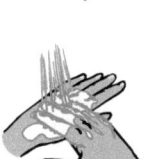

rentar

hlamba

pom de dutxa

xawara yo khomiwa hivoko

dutxa íntima

douche

rentamans

xihlambelo

raspall per a l'esquena

buracha ra nhlana

sabó

xisibi

gel de dutxa

xisibi xa xawara

xampú

shampoo

manyopla de bany

swilapana

bonera

xinambyana

crema

rivomba

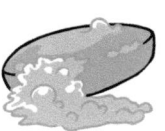

desodorant

xinhuherisi

mirall

xivoni

mirall-espill de mà

xivoni xo khomiwa hivoko

maquineta de rasar

rikarhi

espuma de barbejar

xisibi so susa malevu

loció post-rasada

mafurha ya kutola loku u
heta ku tsemeta malevu

pinta

kama

raspall

buracha

eixugador

muchini wo omisa mosisi

laca

mafurha yo tola mosisi

maquillatge

xo tisasekisa

pintallavis

xotota nomo

esmalt d'ungles

xo tota minwala

cotó

kotoni

tallaungles

xo tsema minwala

perfum

xinhuherisi

estoig de bellesa

nkwama wa le
xihambukelweni

tamboret

nchuluko

bàscula

xikalo

barnús

nguvu yo hlamba

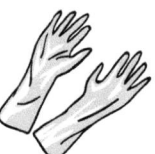

guants de goma

tiglovhu ta raba

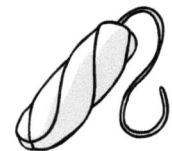

compresa higiènica

tampon

compresa

thawula ra ku basisa

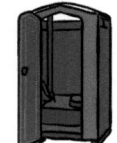

sanitari químic

xihambukelo xa le handle

cambra de nen
kamana ya vana

despertador
alamu ya wachi
animal de peluix
xo tlanga sa ku etlela
auto de joguina
movha ya ku tlangisa
sonall
xokocokoco
casa de nines
yindlu ya swipopana
present
nyiko

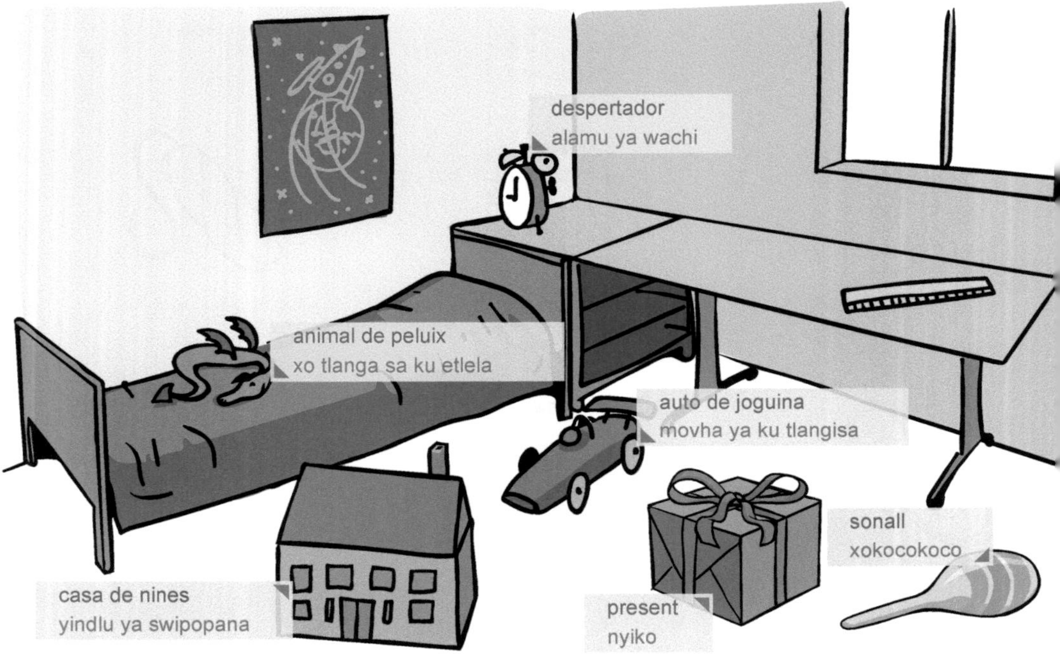

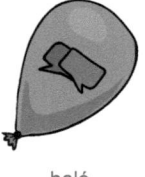

baló

baluni

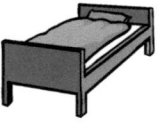

llit

mubedo

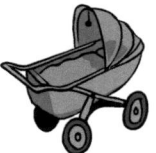

cotxet per a nens

pureme

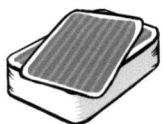

joc de cartes

makhadi

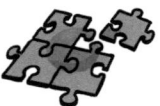

trencaclosca

jigsaw

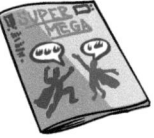

historieta

khomiki

peces de lego

switina swa lego

peces de construcció

swiaki

ninot d'acció

xo tlanga xa vana

granota

swiambalo swa nwana

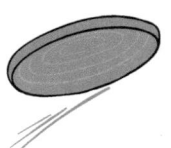

frisbee

Frisbee

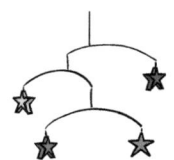

mòbil per a bressol

mobile

joc de taula

ntlango wa le bodweni

daus

dayisi

tren elèctric

xitimela xo tlanga

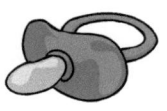

xumet

xo tlangisa vana

festa

nkhuvo

llibre de dibuixos

buku ya swifaniso

pilota

bolo

nina

xipopana

jugar

tlanga

sorrera

khele ra sava

gronxador

muchinginya

joguines

swilo swo tlangisa

consola de jocs de vídeo

mintlango ya vhidiyo

tricicle

xithuthuthu xa mivhilwa manharhu

osset de peluix

tibere to tlangisa

armari

wadirobo

roba

swiambalo

mitjons

masokisi

mitges

masokisi

mitja pantaló

buruku byo tlimba

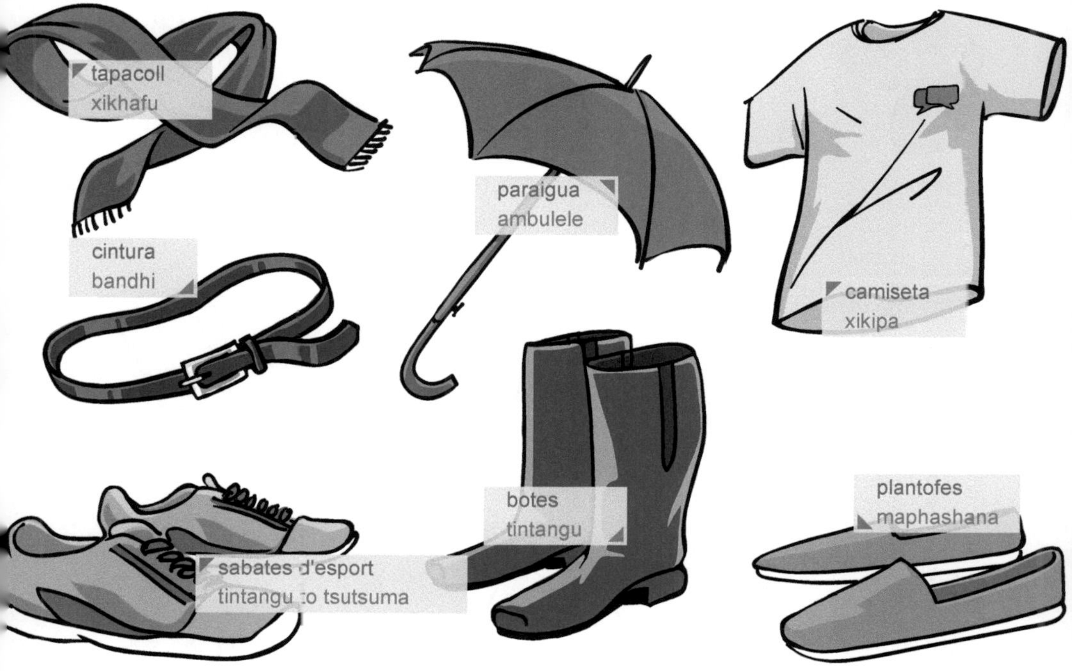

tapacoll
xikhafu

paraigua
ambulele

camiseta
xikipa

cintura
bandhi

botes
tintangu

plantofes
maphashana

sabates d'esport
tintangu to tsutsuma

sandàlies
maphashana

sabates
tintangu

botes de goma
majombo ya raba

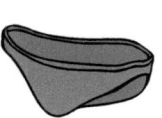

calçonets
maburuko ya le ndzeni

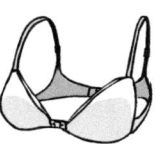

sostenidor
bodi

guardapits
xikipa xa le ndzeni

jjustacòs

miri

pantalons

maburuko

jeans

bokati

faldeta

xiketi

brusa

bulawusi

camisa

hembe

jersei

jesi

dessuadora

jazi ro fingeneta nhloko

blazer

buleyizara

jaqueta

baji

mantell

nghuvo

impermeable

jazi rampfula

vestit de dona

swiambalo

vestit de dona

swiambalo

vestit de núvia

rhoko ya mucato

vestit d'home

sudu

camisa de dormir

xiambalo xo etlela

pijama

swi ambalo swo etlela

sari

sari

mocador de cap

xikhafu

turbant

duku

burca

burqa

caftan

swi ambalo

abaia

abaya

vestit de bany

swiambalo swo hlambela

calçon(et)s de bany

maburuko ya le ndzeni

pantalons curts

buruku ro koma

xandall

tracksuit

davantal

fasikoti

guants

maglilavhu

botó

kunupu

ulleres

manghilazi ya mahlo

braçalet

sindza

collaret

vuhlalu

anell

xingwaxila

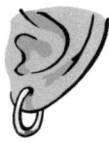

orellera

vo sasekisa tindleve

casquet

kepisi

penjador

hangara ya nghuvo

capell

xigqoko

corbata

thayi

cremallera

zipi

casc

xihuku

elàstics

minxongotelo

uniforme escolar

swiambalo swa xikolo

uniforme

yunifomo

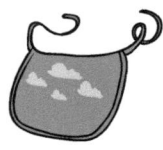

pitet

bibi

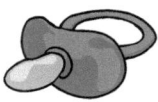

xumet

xo tlangisa vana

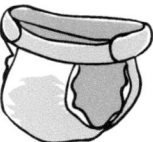

bolquer

leyiri

oficina
hofisi

servidor
server
armari arxivador
khabodo yo beka tifayili
paper
papila
impressora
muchini wa ku kandziyisa
monitor
xikirini
ratolí
mouse
escriptori
tafola
arxivador
xilo xo veka swiphephana
teclat
keyboard
paperera
xikotela xo lahla maphepha
ordinador
khompyuta
cadira
xitulo

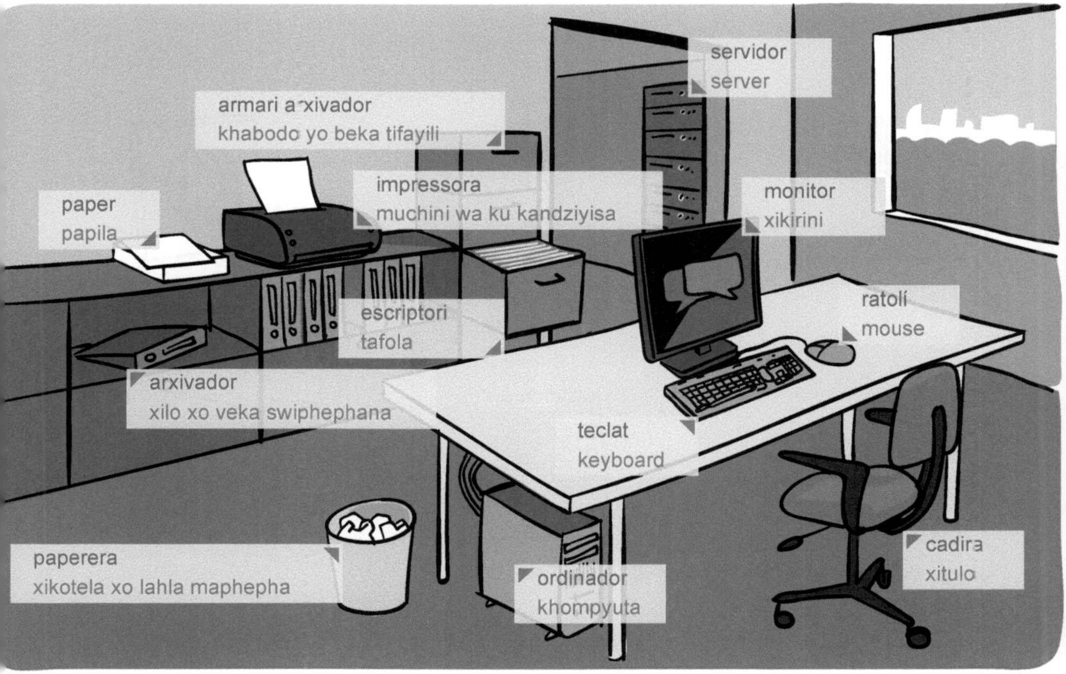

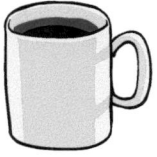

tassa de cafè

bikiri ra kofi

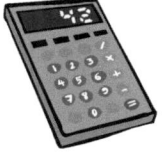

calculadora

muchini wo hlaya

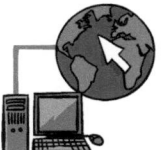

Internet

internet

ordinador portàtil

laptop

lletra

papila

missatge

rungula

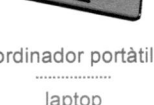

mòbil

foni

xarxa

network

fotocopiadora

muchini wo endla tikopi

programari

progreme ya khompyuta

telèfon

riqingho

presa de corrent

pulagi ya gezi

fax

muchini wo rhumela rungula

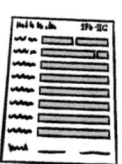

formulari

fomo

document

papila

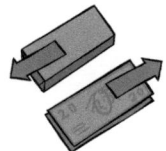

comprar

xava

pagar

hakela

comerciar

xavisa

diners

mali

  **USD**

dòlar

dolara

  **EUR**

euro

euro

  **JPY**

ien

yen

  **RUB**

ruble

rouble

  **CHF**

franc suís

Swiss franc

 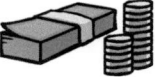 **CNY**

renminbi

renminb yuan

  **INR**

rupia

rupee

caixa automàtica

muchini wa mali

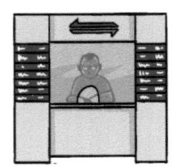

oficina de canvi

ndhawu yo cinca mali

or

nsuku

argent

silivhere

petroli

mafurha

energia

matimba

preu

hakelo

contracte

ntwanano

impost

xibalo

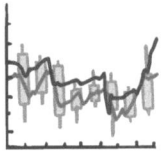

acció

nundzu ya timali

treballar

tirha

treballador

mutirhi

empresari

mothorhi

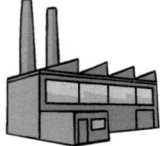

fàbrica

fektri

botiga

xitolo

oficial de policia
phorisa

bomber
mutimi wa ndzilo

cuiner
musweki

doctora
dokodela

pilot
muhahisi

jardiner
muhlayi wa ntanga

fuster
muvatli

costurera
murungi

jutge
muavanyisi

química
xitshunguri

actor
mutlangi

conductor d'autobús

muchaeri wa tibazi

taxista

muchayeri wa thekisi

pescador

muphasi wa tinhlampfi

dona de la neteja

wansati wa ku basisa

ensostrador

mufuleri

cambrer

muphameri

caçador

muhloti

pintor

mupendi

forner

mubaki

electricista

mutivi wagezi

obrer de la construcció

muaki

enginyer

munjiniyara

carnisser

muxavisi wa nyama

llanterner

muplambara

correu

muheleketi wa poso

soldat

socha

arquitecte

mumpfampfarhuti

caixera

muamukeli wa timali

florista

muxavisi wa swiluva

perruquer

mululamisi wa misisi

revisor

mufambisi

mecànic

munhu wo lungisa timovha

capità

mulawuri

dentista

dokotela wa matinho

científic

mutivi wa sayensi

rabí

mufundisi

imam

murhangeri

monjo

nghwendza

capellà

mfundisi

eines
switirhisiwa

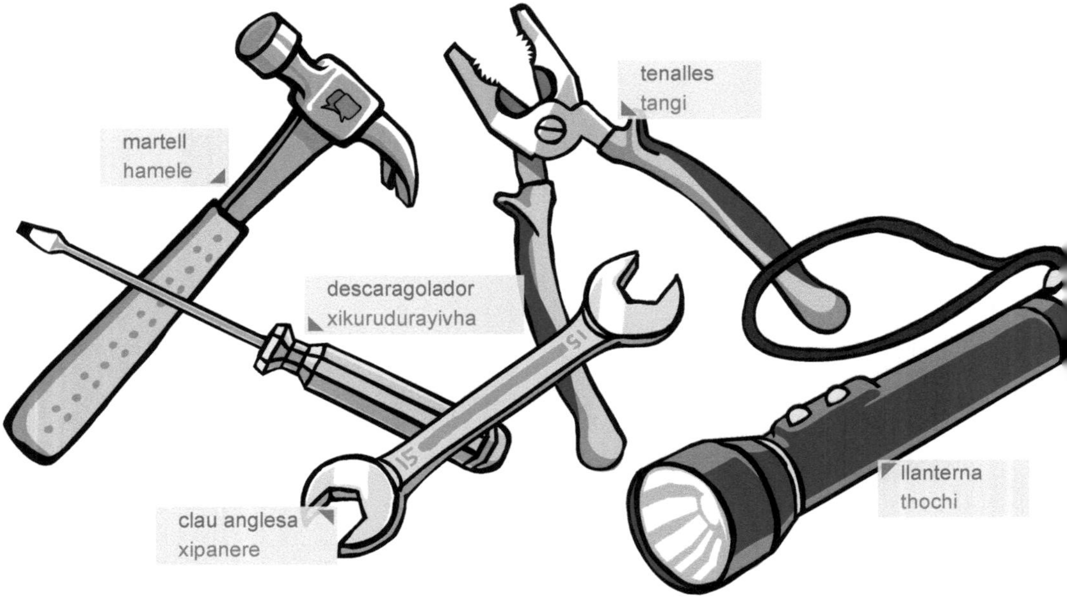

martell
hamele
tenalles
tangi
descaragolador
xikurudurayivha
llanterna
thochi
clau anglesa
xipanere

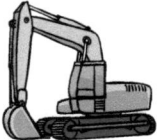

excavadora

muchini wo cela

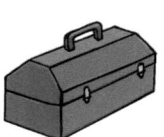

caixa d'eines

bokisi ra switirhisiwa

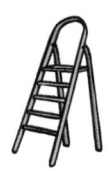

escala

xitepisi

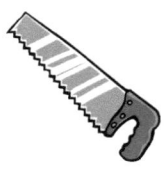

serra

saha

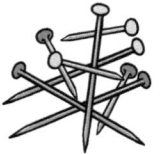

claus

swipikiri

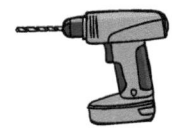

trepant

muchini wo boxa

reparar

lunghisa

pala

foxolo

Maleïт siga!

Thyaka!

pala

nchumu wo susa ritshuri

pot de pintura

mbita ya pende

caragols

bawuti

instrument de música
swichayachayana

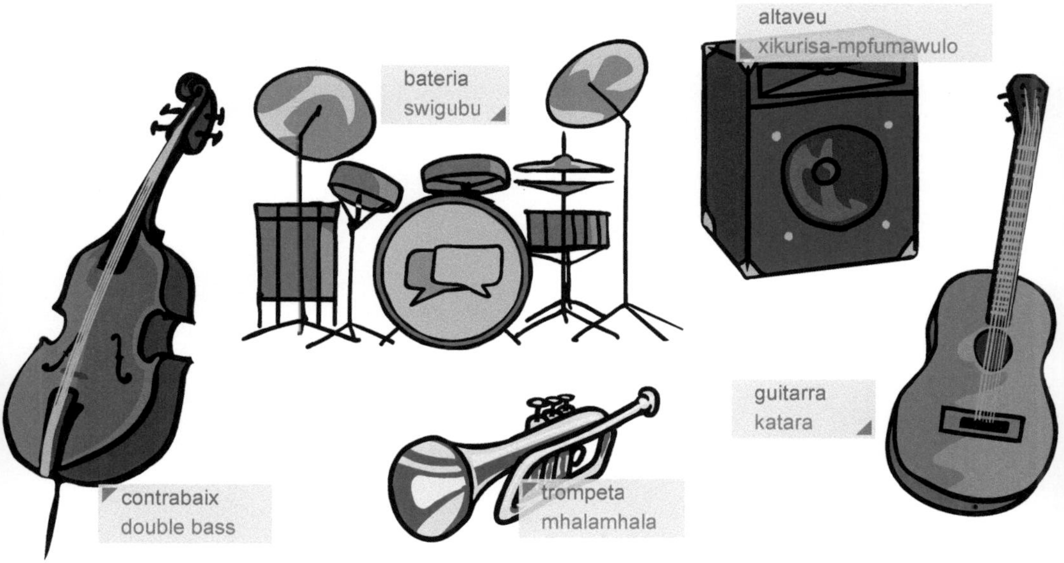

altaveu
xikurisa-mpfumawulo

bateria
swigubu

guitarra
katara

contrabaix
double bass

trompeta
mhalamhala

piano

piyano

violí

violin

baix

bass

timbal

timpani

tambor

xigubu

teclat

keyboard

saxofon

saxophone

flauta

xitiringo

micròfon

xikurisa-marito

zoo

ntanga wa swiharhi

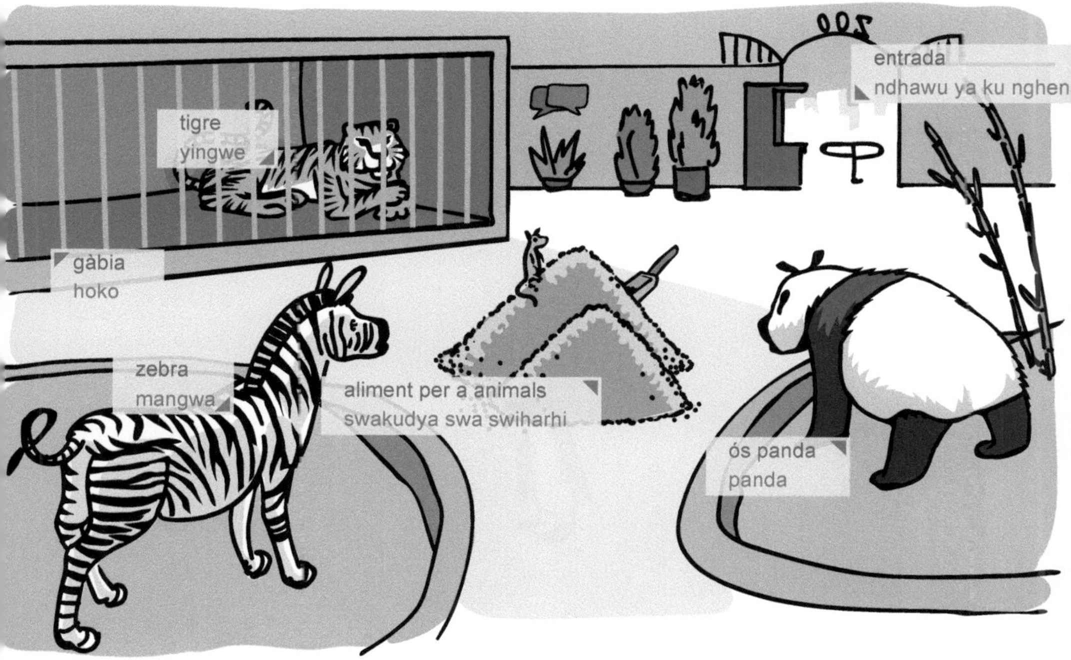

entrada
ndhawu ya ku nghen
tigre
yingwe
gàbia
hoko
zebra
mangwa
aliment per a animals
swakudya swa swiharhi
ós panda
panda

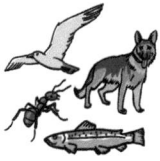

animals
swiharhi

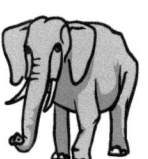

elefant
ndlopfu

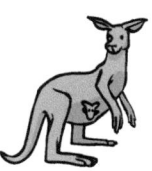

cangurú
xinjhenghwe

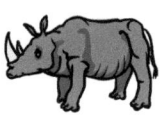

rinoceront
mhelembe

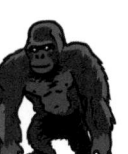

goril·la
gorila

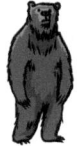

ós
bere

camell

kamela

estruç

yintsha

lleó

nghala

simi

nkawu

flamenc

flamingo

papagai

hokwe

ós polar

bere

pingüí

penguin

ca mari

shaka

paó

hanti

serp

nyoka

cocodril

ngwenya

guardià del zoo

muhlayisi wa mintanga ya
swiharhi

foca

seal

jaguar

jaguar

poni

hanci

lleopard

yingwe

hipopòtam

mpfuvu

girafa

nhutlwa

àliga

gama

senglar

ngluve ya nhova

peix

hlampfi

tortuga

mfutsu

morsa

nyimpfu ya le lwandle

guineu

mhungubye

gasela

mhala

futbol americà
bolo ya le Amerika

ciclisme
kufamba hi xi kanyakanya

tenis
tennis

bàsquet
basketball

natació
kuhlambela

hoquei sobre gel
khororo ya le ayísini

boxa
ntlango wa ku bana

futbol americà
bolo

bàdminton
badminton

atletisme
mintlango

handbol
bolo ya mavoko

esquí
kureta e gambokweni

polo
polo

saltar
tlula

riure
hleka

abraçar
angara

anar
famba

cantar
yimbelela

somiar
lora

pregar
khongela

fer un petó
ntswontswa

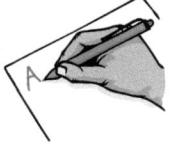

escriure

tsala

dibuixar

dirowa

mostrar

komba

pitjar

dlidlimeta

donar

nyika

prendre

teka

tenir

yi va

fer

endla

ésser

ku va

estar dret

yima

córrer

tsutsuma

estirar

koka

llançar

lahlela

caure

wana

jeure

hemba

esperar

rindza

portar

rhwala

asseure's

tshama

vestir-se

ambala

dormir

tlela

despertar-se

pfuka

mirar

languta

plorar

rila

amoixar

bana

pentinar

kama

parlar

vulavula

comprendre

twisisa

demanar

vutisa

escoltar

yingisa

beure

nwana

menjar

dyana

endreçar

basisa

estimar

randza

cuinar

sweka

conduir

chayela

volar

haha

navegar

tluta

calcular

hlaya

llegir

hlaya

aprendre

hlaya

treballar

tirha

casar-se

teka

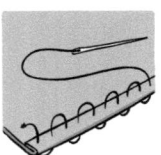

cosir

rhunga

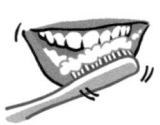

raspallar-se les dents

kuhlamba meno

matar

dlaya

fumar

dzaha

enviar

rhumela

família
ndyanghu

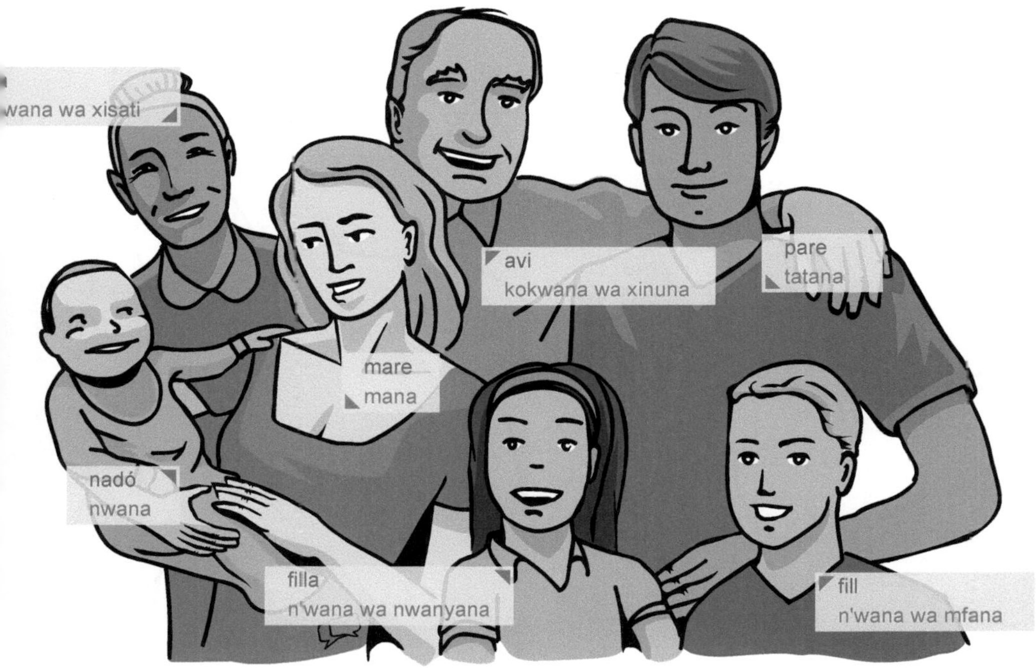

wana wa xisati
avi
kokwana wa xinuna
pare
tatana
mare
mana
nadó
nwana
filla
n'wana wa nwanyana
fill
n'wana wa mfana

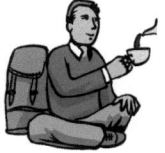

convidat
muendzi

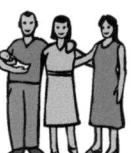

tia
hahani

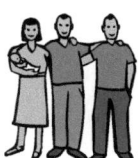

oncle
malume

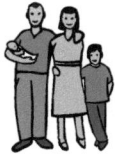

germà
makwerhu

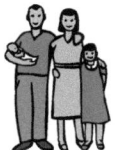

germana
makwrhu

cos

miri

front
mombo
ull
tihlo
espatlla
katla
dit
ritiho
cara
xikandza
barbeta
xilebvu
mà
voko
cama
nenge
pit
bele
braç
voko

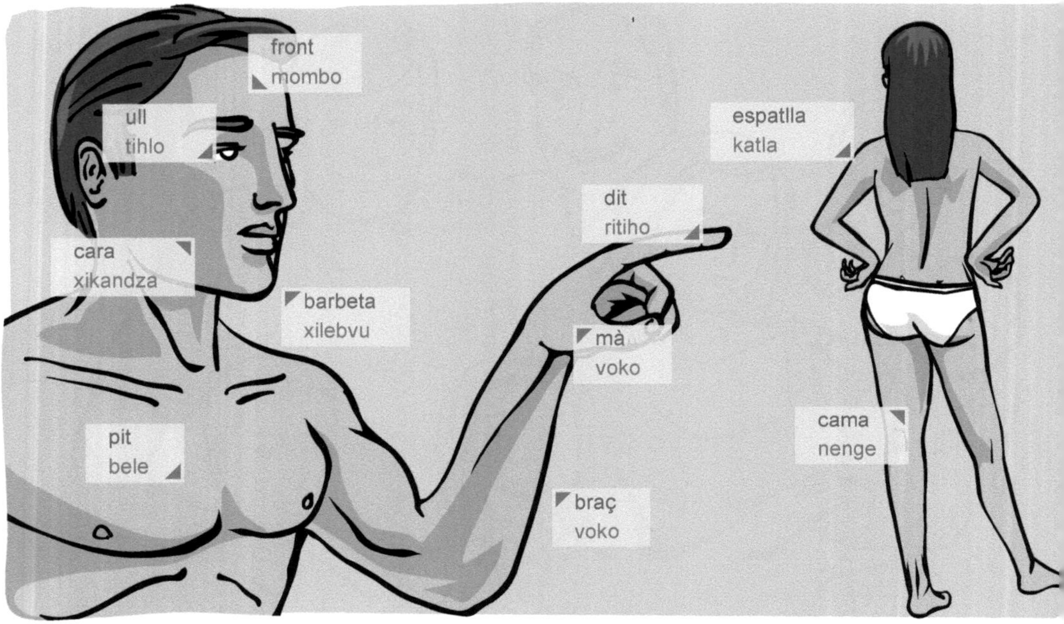

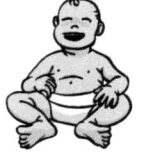

nadó

nwana

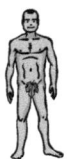

home

n'wanuna

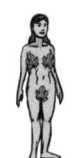

dona

nw'ansati

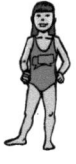

noia

nhwanyana

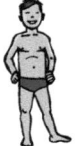

noi

mfana

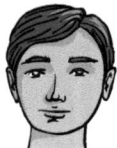

cap

nhloko

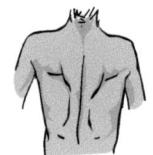

esquena

nhlana

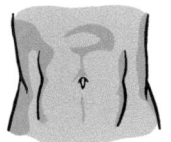

panxa

khwiri

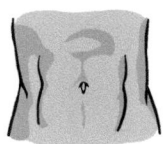

melic

nkava

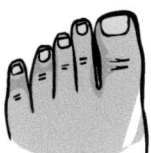

dit gros del peu

xikunwani

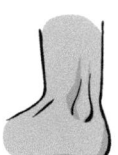

taló

xirhenze

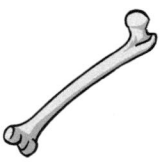

os

rhambu

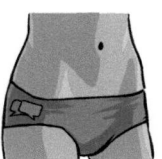

maluc

nyonga

genoll

tsolo

colze

xikokola

nas

nompfu

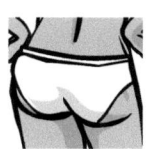

cul

xisuti

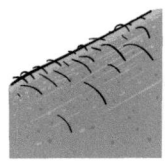

pell

nhlonge

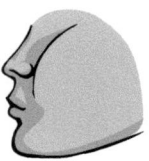

galta

rhama

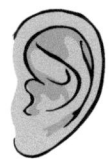

orella

ndlebe

llavi

nomu

cos - miri

boca
nomu

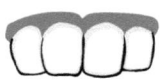

dent
tinyo

llengua
ririmi

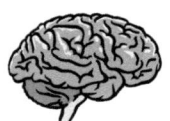

cervell
byongo

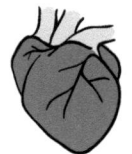

cor
mbilu

múscul
nsiha

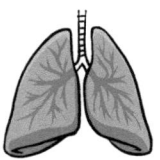

pulmó
hahu

fetge
vixindzi

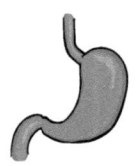

estómac
khwiri

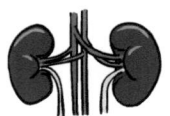

ronyó
tinso

relació sexual
masangu

preservatiu
khondomu

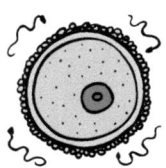

ovari
tandza

semen
mbewu ya vununa

prenyat
nyimba

cos - miri

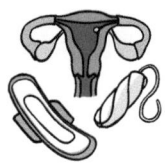

menstruació
....
kuya enkarhini

vagina
....
muhocho

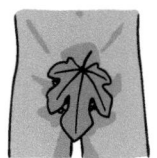

penis
....
xiluma

cella
....
tinxiyi

cabells
....
misisi

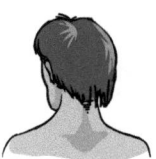

coll
....
nhamu

hospital
xibedlhele

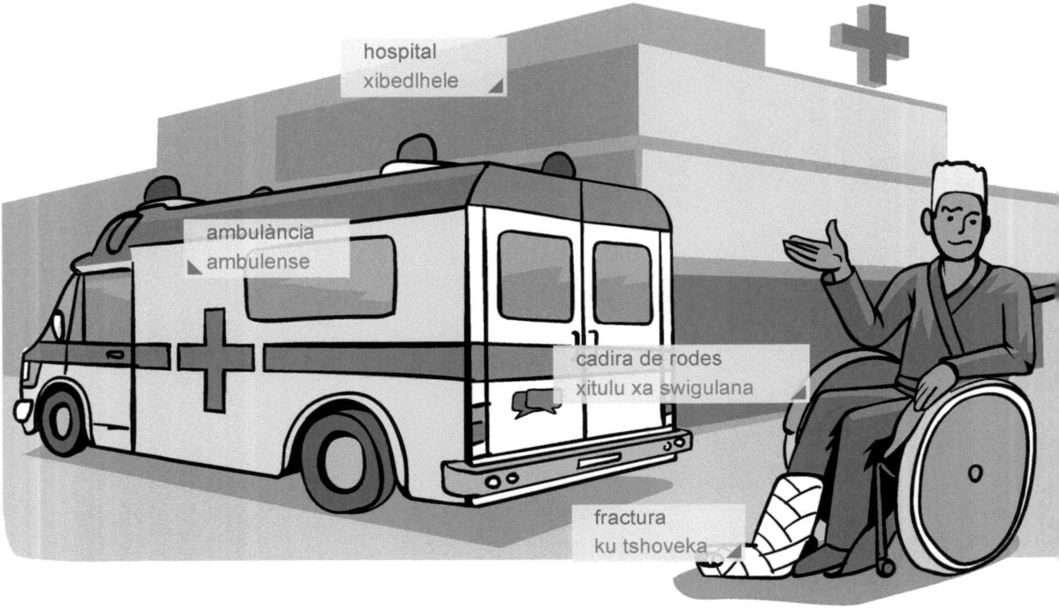

hospital
xibedlhele
ambulància
ambulense
cadira de rodes
xitulu xa swigulana
fractura
ku tshoveka

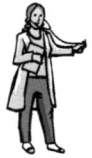

doctora

dokodela

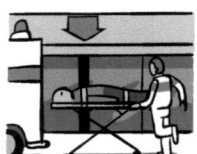

sala d'urgències

kamara ra xilamulela-mhango

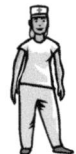

infermera

muongori

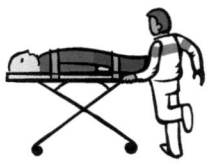

urgència

xihatla

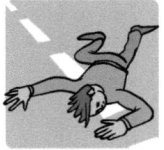

inconscient

ku titivala

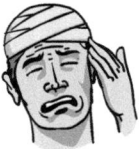

dolor

kuvava

ferida

ku vaviseka

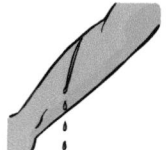

sagnament

mpfempfa ngati

atac de cor

ku hlaseriwa himbilu

apoplexia

ku oma swirho

al·lèrgia

rinyenyo

tos

khohlola

febre

xifumbu

gripa

mukhuhlwana

diarrea

nchuluko

mal de cap

ku pandza ka nhloko

càncer

khensa

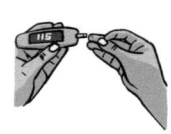

diabetis

chukela

cirurgià

dokodela

escalpel

mukwana

operació

vuhandzuri

tomografia computada (TC), TAC
....
CT

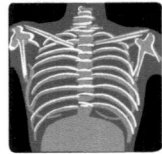

raigs x
....
x-rheyi

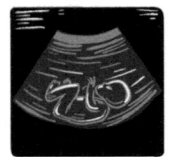

ultrasò
....
muchini wo yingisela ntshuka-ntshuko

mascareta
....
xo tipfala tinhomfu

malaltia
....
vuvabyi

sala d'espera
....
kamara ro rindza

crossa
....
nhonga

tireta
....
semendhe

embenat
....
bandhichi

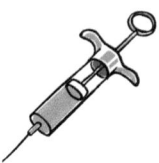

injecció
....
neleta

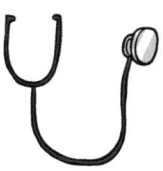

estetoscopi
....
muchini wa madokodela wa ku yingisa

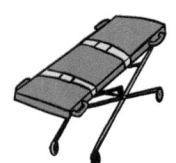

llitera
....
rihlaka

termòmetre clínic
....
xipima-mahiselo

pariment
....
ku veleka

sobrepès
....
ku nyuhela

aparell auditiu

swipfuneta-ku-twa

desinfectant

khemikhale yo dlaya
switsongwatsongwana

infecció

switsongwatsongwana

virus

xitsongwatsongwana

VIH / SIDA

HIV / AIDS

medicina

miri

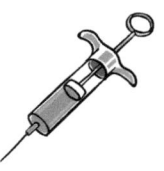

vaccí

nayiti

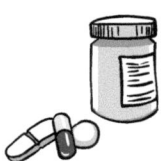

comprimits

maphilisi

píl·lola

pilisi

trucada d'urgència

riqingho ra xihatla

tensiòmetre

muchini wo kamba
nsusumeto wa ngati

malalt / sà

vabya / hanya

Socors!

Pfunani!

alarma

bele

assalt

ku hlaseriwa

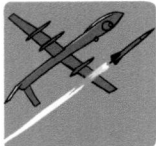

atac

hlasela

perill

khombo

sortida-eixida d'urgència

nyangwa wo huma loko ku
ri ni mhango

Foc!

Ndzilo!

extintor

xo tima ndzilo

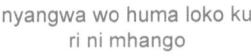

accident

mhangu

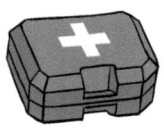

farmaciola de primers
auxilis

bokisi ra xilamulela-mhango

SOS

SOS

policia

phorisa

Europa

Yuropa

Amèrica del Nord

Amerika N'walungu

Amèrica del Sud

Amerika Dzonga

Àfrica

Afrika

Àsia

Asia

Austràlia

Australia

Atlàntic

Atlantic

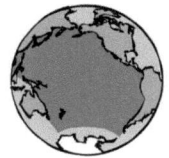

Pacífic

Pacific

Oceà Índic

Lwandle-nkulu ra Indiya

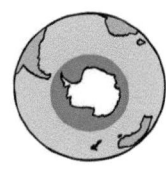

Oceà Antàrtic

Lwandle-nkulu ra Antarctic

Oceà Àrtic

Lwandle-nkulu ra Arctic

pol nord

North Pole

pol sud

South Pole

Antàrtida

Antarctica

terra

Misava

país

tiko

mar

lwandle

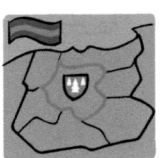

illa

xihlala

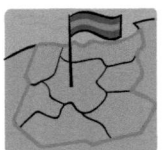

nació

rixaka

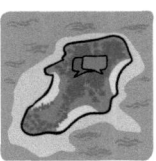

estat

tiko

quadrant

xikomba nkarhi

agulla de les hores

xikomba-tiawara

agulla dels minuts

xikomba-timineti

agulla dels segons

xikomba-tisekoni

Quina hora és?

I nkarhi muni?

dia

siku

temps

nkarhi

ara

sweswi

rellotge digital

wachi leyi tshavatelaka

minut

minete

hora

awara

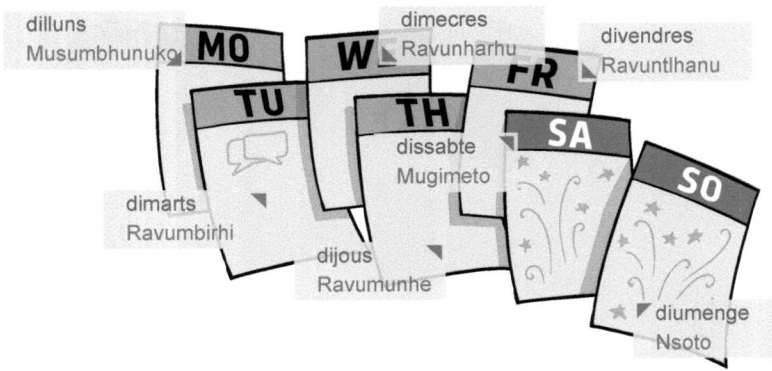

dilluns
Musumbhunuko

dimecres
Ravunharhu

divendres
Ravuntlhanu

dimarts
Ravumbirhi

dissabte
Mugimeto

dijous
Ravumunhe

diumenge
Nsoto

ahir
tolo

avui
namuntlha

demà
mundzuku

matí
mixo

migdia
nhlekani

tarda
madyambu

MO	TU	WE	TH	FR	SA	SU
1	2	3	4	5	6	7
8	9	10	11	12	13	14
15	16	17	18	19	20	21
22	23	24	25	26	27	28
29	30	31	1	2	3	4

dia feiner
masiku ya ntirho

MO	TU	WE	TH	FR	SA	SU
1	2	3	4	5	6	7
8	9	10	11	12	13	14
15	16	17	18	19	20	21
22	23	24	25	26	27	28
29	30	31	1	2	3	4

cap de setmana
mahelo vhiki

pluja
mfpula

arc de Sant Martí
nkwangulatilo

vent
moya

neu
gamboko

primavera
xumun'wana

tardor
xixikana

estiu
ximumu

hivern
xixika

4.APRIL	11°	☀
5.APRIL	4°	☁
6.APRIL	13°	☁
7.APRIL	8°	❄
8.APRIL	10°	☀

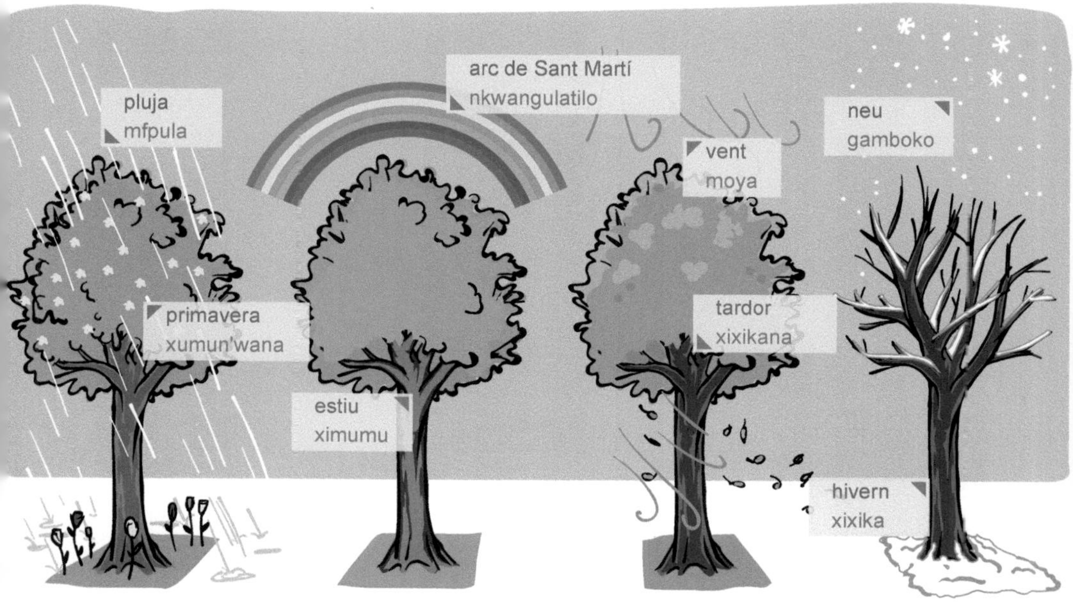

pronòstic del temps

vumbha tamaxelo

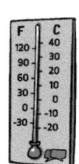

termòmetre

xipima-mahiselo

llum del sol

dyambu

núvol

papa

boira

hunguva

humiditat de l'aire

kutsakama

llamp
....
rihati

tro
....
dzindza-tilo

tempesta
....
xidzedze

calamarsa
....
xihangu

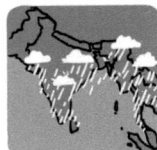

monsó
....
mpfula

inundació
....
ndhambi

gel
....
ayisi

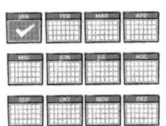

gener
....
Sunguti

febrer
....
Nyenyenyana

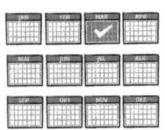

març
....
Nyenyankulu

abril
....
Dzivamusoko

maig
....
Mudyaxihi

juny
....
Khotavuxika

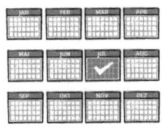

juliol
....
Mawuwani

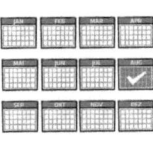

agost
....
Mhawuri

setembre
....
Ndzhati

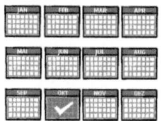

octubre
....
Nhlangula

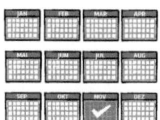

novembre
....
Hukuri

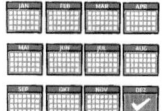

desembre
....
N'wendzamhala

formes

swivumbeko

cercle
....
xirendzevutana

quadrat
....
xikwere

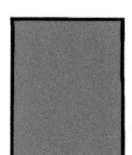

rectangle
....
matlhelo ya mune

triangle
....
xivunguvungu xa tintlha
tinharhu

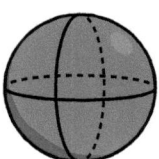

esfera
....
bolo

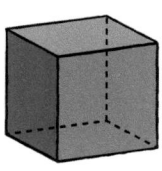

cub
....
cube

blanc

basa

groc

xitshopana

taronja

lamula

rosa

tshwukanyana

vermell

tshwuka

lila

xigunguvungu

blau

wasi

verd

rihlaza

marró

buraweni

gris

mpunga

negre

ntima

molt / poc

swo tala / swi tsongo

emprenyat / tranquil

hlundzukile / rhurile

bonic / lleig

sasekile / bihile

començament / fi

masungulo / makumo

gran / petit

kulu / tsongo

clar / fosc

vangama / munyama

germà / germana

buti / sesi

net / brut

basile / chakile

complet / incomplet

helerile / helelangiki

dia / nit

siku / vusiku

mort / viu

file / hanyaka

ample / estret

pfulekile / pfalekile

comestible / immenjable

swa dyiwa / a swi dyiwi

dolent / amable

homboloka / lunghile

entusiasmat / entediat

tsakile / phirekile

gros / prim

nyuhela / lala

primer / darrer

masungulo / makumo

amic / enemic

mungana / nala

ple / buit

tele / hava

dur / tou

tiyile / olova

pesant / lleuger

tika / vevuka

gana / set

ndlala / torha

malalt / sà

vabya / hanya

il·legal / legal

swi ngariki enawini / enawini

intel·ligent / ximple

tlharihile / xiphukuphuku

esquerra / dreta

ximati / xinene

prop / llunyà

akusuhi / kule

nou / usat

yintshwa / tirhisiwile

res / quelcom

hava / xin'wana

vell / jove

dyuharile / muntshwa

encès / apagat

xarirha / xitimile

obert / tancat

pfurile / pfariwile

silenciós / sorollós

myerile / huwa

ric / pobre

fuwile / xisiwana

correcte / incorrecte

swinene / bihile

aspre / suau

khwasha / reta

trist / content

vaviseka / tsaka

curt / llarg

koma / leha

lent / ràpid

hlwela / hatlisa

humit / sec - eixut

tsakama / oma

calent / fred

kufumela / titimela

guerra / pau

nyimpi / kurhula

0

zero

noto

1

u

n'we

2

dos

mbirhi

3

tres

nharhu

4

quatre

mune

5

cinc

ntlhanu

6

sis

ntsevu

7

set

nkombo

8

vuit

nhungu

9

nou

nkaye

10

deu

khume

11

onze

khume n'we

12

dotze

khume mbirhi

13

tretze

khume nharhu

14

catorze

khume mune

15

quinze

khume ntlhanu

16

setze

khume ntsevu

17

disset

khumbe nkombo

18

divuit

khume nhungu

19

dinou

khume nkaye

20

vint

makhume mambirhi

100

cent

dzana

1.000

mil

gidi

1.000.000

milió

gidi ya magidi

anglès

Xinghezi

anglès americà

Xinghezi xa Amerika

xinès mandarí

Xichayina xa Mandarin

hindi

Xihindi

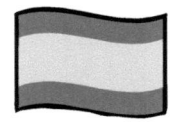

espanyol

Xipaniya

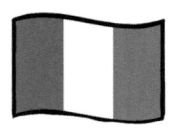

francès

Xifurwa

àrab

Xiarabu

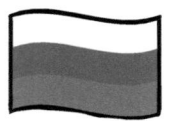

rus

Xirhaxiya

portuguès

Xiputukezi

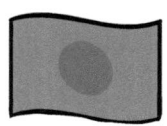

bengalí

Xibengali

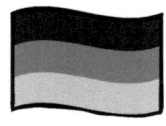

alemany

Xijarimani

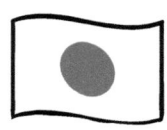

japonès

Xijapani

jo

mina

tu

wena

ell / ella / allò

yena / yena / xona

nosaltres

hina

vosaltres

n'wina

ells

vona

qui?

mani?

què?

yini?

com?

njhani?

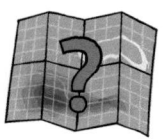

on?

kwihi?

quan?

rhini?

nom

vito

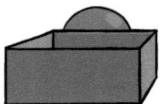

darrere

endzaku

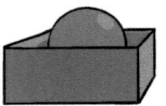

en

ahehla

davant de

emahlweni a

damunt

ahenhla ka

sobre

eka

sota

ehansi

al costat

handle ka

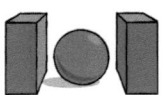

entre

exikarhi ka

lloc

ndhawu